HEILENDE WORTE

Wie Psychotherapie & Glaube zusammenwirken!

AF208711

Dr. med. Hedwig Uecker Geischläger

Dr. med. Hedwig Uecker Geischläger

Heilende Worte
Wie Glaube & Psychotherapie zusammenwirken

Bibliografische Information der Deutschen
Nationalbibliothek:
Die Deutsche Nationalbibliothek verzeichnet diese Publikation
in der Deutschen Nationalbibliografie; detaillierte bibliografische Daten sind im Internet über www.dnb.de abrufbar.

ISBN: 9783769314748 (Hardcover)
ISBN: 978-3-7693-1465-6 (Paperback)
© 2024 Hedwig Uecker Geischläger

WWW.GHOSTWRITER-BUCHAUTOR.COM

Konzept und Inhalte: Dr. Uecker Geischläger
Buchmanuskript - Covergestaltung: Alois Gmeiner
Gesamtlayout, Grafik, KI-Fotos: Alois Gmeiner
StockFotos: Freepik
Foto S.5: ©Dompfarre.info/Suzy Stöckl

Verlag: BoD · Books on Demand GmbH, In de Tarpen 42,
22848 Norderstedt, bod@bod.de
Druck: Libri Plureos GmbH, Friedensallee 273,
22763 Hamburg

Inhalt

Vorwort

von Dompfarrer
Toni Faber

Dr. Hedwig Ücker-Geischläger ist beruflich profiliert und reich an Lebenserfahrung. Als Ärztin und Psychotherapeutin ist sie bestens vertraut mit Verletzungen an Leib und Seele. Das durfte ich bei gemeinsamen Seminaren der Dompfarre St. Stephan mit der Charismatischen Gebetsrunde, bei denen Frau Dr. Ücker-Geischläger als Referentin und Seelsorgerin tätig war, oftmals erleben.

Geht es um den Menschen, ist ein eindimensionaler Blick selten hilfreich; viel zu komplex sind wir geschaffen: Körper, Seele, Geist, Einflüsse aus Familie und Umwelt – erst alles im Zusammenwirken macht uns zu den originellen Personen, die wir sind. Das ist einerseits ein Geschenk, andererseits eine Herausforderung, da es keine einfachen und allgemeingültigen Lösungen gibt. Jeder Mensch ist in seinem Sein und Erleben originell und deshalb individuell wahrzunehmen und je nach Lebenssituation zu behandeln.

Der Glaube kann für christliche Menschen eine zentrale Quelle der Lebensfreude und der Sinnerfüllung sein. Er möchte ebenso hilfreich sein bei der Bewältigung von Leid und Not, Trauer und Krankheit. Hier schlägt die Allgemeinmedizinerin und Psychoanalytikerin wichtige Brücken: Träume, heilende Worte, Zuversicht, helle, lichtvolle Gedanken – all dies sind zentrale, spannende Elemente der christlichen Spiritualität, die mithelfen können, Linderung und Heilung zu bewirken, seelische Knoten zu lösen und körperliche Schmerzen zu lindern.

Zum Licht kommen, mit Freude ernten, Träume als Boten Gottes sehen, das gelingt vielen besser, wenn diese Haltungen entsprechend angeleitet, eingeübt und unterstützt werden. Die Erfahrung und das Wissen von Frau Dr. Ücker-Geischläger haben bisher schon vielen Menschen helfen können, ihre Sicht auf sich und auf Situationen besser zu verstehen.

„Glaube und Psychotherapie", so der Titel dieser Buchreihe, ist die Verschriftlichung dessen, was in den Seminaren hörbar war. Das Lesen ermöglicht eine Verinnerlichung, die durchs Zuhören allein oft nicht erzielt werden kann.

So bin ich dankbar für die Mühe, die in dieses Buchprojekt investiert worden ist. Erkenntnisse der Psychotherapie sind hier mit Aussagen der Bibel und der Religion in Verbindung gebracht, mit dem Ziel, dass sich die Leserschaft in der eigenen Haut wohler fühlt, Dankbarkeit für das eigene Leben empfinden und Verfestigung im Glauben erleben kann.

In tiefer Dankbarkeit für das gemeinsame Arbeiten in der Erneuerung und Vertiefung der Heilung an Leib und Seele wünsche ich den geschätzten Leserinnen und Lesern die Berührung des Heiligen Geistes, die ich oft genug selbst bei den Vorträgen von Frau Dr. Ücker-Geischläger wahrgenommen habe.

Dompfarrer Toni Faber

Unser Wiener Stephansdom in seiner
ganzen Pracht! www.stephansdom.at

Gute Worte – Sag nur ein Wort, so wird meine Seele gesund!

Liebe Leserinnen und Leser!

Es freut mich von Herzen, dass Sie dieses Buch in die Hand genommen haben. Sie werden hier Gedanken finden, die sowohl aus meiner persönlichen Erfahrung als auch aus meinem tiefen Glauben und meiner Liebe zur Psychologie entspringen. In einer Welt, in der Worte oft unbedacht verwendet werden, habe ich es mir zur Aufgabe gemacht, die Macht und Bedeutung guter Worte in den Mittelpunkt zu rücken.

Worte sind wie Samen, die wir in die Herzen unserer Mitmenschen säen. Einige Worte können Trost spenden, heilen und Mut machen, während andere uns in tiefe Verzweiflung stürzen können. Die Psychologie zeigt uns, dass Worte weit mehr sind als reine Informationsträger. Sie haben die

Kraft, unsere Gedanken und Gefühle zu formen, unsere Weltanschauung zu prägen und sogar unsere Beziehungen zu gestalten. Deshalb möchte ich in diesem Buch die positiven, heilenden und stärkenden Aspekte von Worten beleuchten.

Doch nicht nur die Wissenschaft beschäftigt sich mit dieser Kraft. Auch mein Glaube lehrt mich, dass Worte heilig sein können.

In der Bibel heißt es:
„Am Anfang war das Wort und das Wort war bei Gott und das Wort war Gott."

Diese tiefe Wahrheit begleitet mich stets. Ich glaube, dass unsere Worte ein Spiegel unserer Seele sind und dass wir durch sie Gutes in diese Welt bringen können.

Es ist mein Wunsch, dass Sie durch die folgenden Seiten inspiriert werden, Ihre Worte weise zu wählen. Sei es in Momenten des Mitgefühls oder der Ermutigung. Gute Worte sind ein Geschenk, das wir nicht nur anderen, sondern auch uns selbst machen können. Lassen Sie uns gemeinsam die Kraft dieser Worte entdecken und erleben, wie sie uns näher zu uns selbst, zu unseren Mitmenschen und auch zu Gott führen.

In diesem Sinne wünsche ich Ihnen von Herzen eine bereichernde Lektüre und hoffe, dass die Gedanken, die ich mit Ihnen teile, in Ihrem Leben Früchte tragen werden.

Die Macht der guten Worte

Wir brauchen gute Worte. Sie sind Nahrung für unsere Seele und sie können uns Gott näher bringen. Vor allem dann, wenn unsere Seele friert und wenn unsere Seele hungert oder gekränkt wurde. Und auch bei Verzweiflung haben die Worte eine heilende Kraft.

Mutter Theresa von Kalkutta hat bei einem Besuch in Wien zu einem Priester gesagt: *„Wir haben in Indien viel, viel mehr Armut, aber hier gibt es so eine große Armut an Liebe. Der Hunger nach Liebe ist so viel schwerer zu stillen als der Hunger nach Brot."*

Insofern sollten wir einen sehr großen Wortschatz an liebevollen Worten haben, den wir immer wieder aufstocken können.

Wenn wir näher zu Gott kommen, dann kommen wir näher zur Liebe. *„Er umfängt uns von allen Seiten und legt seine Hand auf uns"*, wie es im Psalm 139 heißt.

Gütige Hände und gütige Worte

Wie gute Worte auf uns wirken

Bereits von Asklepios (altgriechischer Heil-
gott) ist überliefert, dass das erste Medika-
ment für die Not der Seele das Wort ist.
Asklepios, der in der griechischen Mytho-
logie sowohl für die physische als auch für
die psychische Heilung verehrt wurde,
verkörperte eine ganzheitliche Auffassung
von Gesundheit. In den Heiligtümern, die
ihm geweiht waren, spielten Rituale eine
zentrale Rolle, um den Heilungsprozess zu
fördern. Neben medizinischen Behandlun-
gen waren es oft das gesprochene Wort,
Gebete, Gesänge und Meditationen, die in
diesen Heilungszeremonien verwendet
wurden.

Diese Worte hatten nicht nur spirituelle
Bedeutung, sondern wurden auch als
kraftvolle Werkzeuge angesehen, um die
Heilung des Geistes und des Körpers zu
unterstützen. Die damaligen Priester des
Asklepios glaubten fest daran, dass Worte
sowohl die emotionale als auch die
körperliche Gesundheit positiv beeinflussen
können. Die Macht der Worte in diesen
Heilprozessen spiegelt den tiefen Glauben

wider, dass Heilung nicht allein durch physische Eingriffe, sondern auch durch die Beruhigung und Stärkung des Geistes erfolgen kann.

Und wie werden unsere Worte heilende Worte und eine gute Nahrung für die Seele des anderen, aber auch für mich selbst? Es kommt auf folgende Punkte an:

1. WIE – der Ton macht die Musik. Es ist ganz wichtig, wie ich die Worte sage oder denke, auch mir selbst gegenüber.

2. WER – hier kommt es darauf an, ob wir diesen Worten Macht verleihen? Ob wir dieser oder jener Person „die Macht geben". Das heißt, wie wichtig diese Person für mich ist und wie kompetent sie für mich ist.

3. WAS – welche Worte ich sage. Ja, es gibt sie, die Zauberworte.

4. WEM – zu meinen Kindern, zum Chef oder zur Freundin?

5. WIE OFT – der wichtigste der 5 Punkte: Die Macht durch Wiederholung.

Seit jeher macht Übung den Meister …
ODER Wiederholungen!

Die Macht der Wiederholung

Die Wiederholung ist deshalb so wichtig, weil, je häufiger wir etwas hören oder lesen, desto fester und intensiver wird es in unserem Gehirn gespeichert.

Eine bemerkenswerte Studie der University College London unter der Leitung von Eleanor Maguire beschäftigte sich mit den Gehirnen von Londoner Taxifahrern. Diese Fahrer mussten eine anspruchsvolle Ausbildung namens „The Knowledge" absolvieren, bei der sie das Straßennetz Londons auswendig lernten. Die Forschung ergab, dass sich der Hippocampus (jener Teil des Gehirns, der für räumliches Gedächtnis und Navigation zuständig ist) bei diesen Taxifahrern deutlich vergrößerte. Vor allem der hintere Bereich des Hippocampus war bei ihnen ausgeprägter.

Die Studie zeigte, dass die regelmäßige Nutzung von kognitiven Fähigkeiten wie der Navigation durch die komplexen Straßen Londons das Gehirn veränderte. Dies ist ein faszinierendes Beispiel für Neuroplastizität, die Fähigkeit des Gehirns, sich im Laufe des Lebens an neue Herausforderungen anzupassen. Je länger die Fahrer diesen Beruf ausübten, desto größer war der Effekt. Die Ergebnisse dieser Studie belegen, dass unser Gehirn in der Lage ist, sich strukturell zu verändern, wenn es intensiven Anforderungen ausgesetzt wird.

Allerdings setzt ständige Wiederholung von unsinniger Information unser kritisches Denken außer Kraft und wir sind damit manipulierbarer.

Interessant ist auch, dass bereits der Hl. Ignatius die Wiederholung empfohlen hat.

Nun, bei positiven Worten und Sätzen ist das wunderbar. So ist es auch beim Lesen. Wenn ich in einem Buch etwas lese und es gefällt mir, dann will ich es mir merken und schreibe es vielleicht sogar in meinem Kalender. Wenn ich diese Worte täglich oder auch nur zweimal wöchentlich wiederhole, dann können sie nur dann eine Macht gewinnen, wenn ich sie mir zu Herzen nehme.

Gute Worte
lassen auch das härteste Herz schmelzen.

Gute Worte müssen mit dem Herzen übereinstimmen

Das erinnert mich auch an Goethes Faust im Dialog mit Wagner.

Faust: *„Wenn ihr's nicht fühlt, ihr werdet's nicht erjagen, wenn es nicht aus der Seele dringt und mit urkräftigem Behagen die Herzen aller Hörer zwingt. Doch werdet ihr nie Herz zu Herzen schaffen, wenn es euch nicht von Herzen geht."*

Gedanken, die uns immer wieder in den Sinn kommen, wenn wir sie bejahen, weil es gute Worte sind, die den Hunger der Seele stillen, geben uns auch gute Gefühle, Freude und Zufriedenheit. Je nach Gedanken auch Geborgenheit, Antrieb, Stärke und vieles mehr.

Ja, wir brauchen gute Worte. Die aus dem Herzen kommen und die wir an den Spiegelneuronen ablesen können. Aber auch auf uns nahestehende Menschen können sich gute Worte mächtig auswirken.

So schreibt der Neurobiologe Joachim Bauer (Selbststeuerung, S. 120):

„Da unser Gehirn Kommunikation in Biologie verwandelt (das müssen wir langsam auf der Zunge zergehen lassen), können Worte – dies lässt sich wissenschaftlich einwandfrei nachweisen - auf die gleichen biologischen Rezeptoren einwirken wie Medikamente."

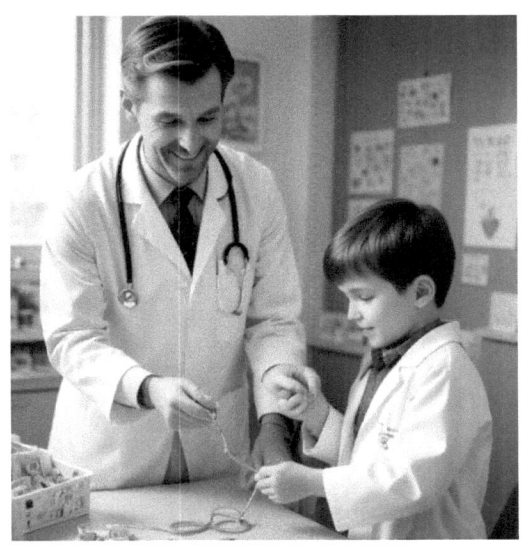

Gute Worte als Medikament?

Worte können dieselbe Wirkung haben wie Medikamente! Das müssen wir uns erst einmal auf der Zunge zergehen lassen: Kommunikation, also gesprochene Worte, werden in unserem Gehirn in Biologie verwandelt.

Worte werden in unserem Gehirn in den Gehirnzellen gespeichert und je nach Bedarf werden auch neue Hirnzellen entstehen.

Durch unsere Worte können wir auch Wirklichkeiten schaffen. Jede Erzählung schafft eine neue Wirklichkeit. Ich habe sogar von Untersuchungen gelesen, dass gute Worte und Segensworte, die über Wasser gesprochen werden, die Struktur des Wassers verändern.

Die große Liebe und all die lieben Worte sind fest verankert in unserem Gehirn gespeichert. Aber nicht nur bei der großen Liebe, nein, auch bei Freundschaften wird die Kommunikation in Biologie verwandelt.

Und so ist es auch mit negativen Erfahrungen, die wir nicht mehr so leicht wegbekommen und die uns dadurch unbewusst beeinflussen.

Wie sich Worte in uns verankern

Amelese kommt in die Therapie, ganz verzweifelt, sagt sie:

„Ich habe Angst verrückt zu werden. Seit mich vor einer Woche mein Mann, mit dem ich 14 Jahre verheiratet war, verlassen hat, kann ich an nichts anderes mehr denken. Sein Vorname ist ständig in meinem Gehirn. Ich habe mitgezählt. In einer Minute denke ich 30 Mal Leo, Leopold."

Medikamente helfen da relativ schnell, aber sie wollte keine Medikamente und so lernte sie Gebete auswendig. Nach einem halben Jahr dachte sie nur mehr dreimal am Tag an Leo.

Das heißt, je öfter wir andere Gedanken immer wieder denken, z. B. beim Auswendiglernen, aber auch beim Singen oder während irgendeiner Tätigkeit, umso mehr Gehirnsubstanz ist dafür zuständig.

Dasselbe gilt auch für Worte und Sätze, Geschichten, Gedichte, Psalmen und Bibelsprüche. Je häufiger wir Worte, Sätze, Psalmen, Gedichte und Bibelsprüche wiederholen, umso fester verankert sind sie in der Biologie des Gehirns, nämlich in den Gehirnzellen.

Wiederholungen von guten Worten und Gedanken tun uns gut!

Die Hausapotheke der guten Worte

Worte haben eine unglaubliche Macht. Sie können trösten, beruhigen und Mut machen. Sie können aber auch verletzen und zerstören.

In unserem Alltag sind wir oft nicht bewusst genug, wie sehr die Worte, die wir zu uns selbst und zu anderen sagen, unser Wohlbefinden beeinflussen können. Eine Art „Hausapotheke" für die Seele, gefüllt mit positiven und stärkenden Sätzen, kann in schwierigen Momenten eine hilfreiche Stütze sein.

Sie ist keine Sammlung von leeren Floskeln, sondern von sorgfältig ausgewählten Worten. Die uns in Momenten der Angst, Verzweiflung oder Hilflosigkeit wieder aufrichten können.

Stellen Sie sich vor, Sie haben in einem ruhigen Moment ein paar Sätze aufgeschrieben, die Ihnen besonders gut tun. Vielleicht sind es Zitate aus Büchern, vielleicht Worte von Freunden, die Sie nicht vergessen können, oder eigene Gedanken, die Sie in schweren Zeiten immer wieder zu sich selbst sagen. Diese Sätze tragen eine Art heilende Energie in sich. Sie sind wie ein Anker, der uns in turbulenten Zeiten Stabilität gibt.

Ein einfaches Beispiel: Stellen Sie sich vor, Sie haben einen anstrengenden Tag hinter sich. Nichts lief wie geplant und Sie fühlen sich ausgelaugt und frustriert. In solchen Momenten ist es leicht, in negativen Gedanken zu versinken.

„Ich kann das nicht"
„Nichts klappt bei mir"

Doch wenn Sie eine innere Hausapotheke haben, können Sie gezielt nach einem Satz greifen, der Sie wieder stärkt. Vielleicht etwas wie:

„Auch dieser Tag geht vorüber"
oder
„Ich habe schon schlimmere Tage überstanden und bin gestärkt daraus hervorgegangen."

26

Diese Worte sind nicht bloß Trostpflaster, sie erinnern an unsere innere Stärke und daran, dass jede Herausforderung vorübergeht.

Die Auswahl der Sätze sollte bewusst und individuell erfolgen. Was für den einen inspirierend ist, wirkt für den anderen vielleicht banal. Es geht darum, Worte zu finden, die Ihre Seele erreichen.

Manche finden Kraft in einfachen Affirmationen wie „Ich bin genug" oder „Ich vertraue dem Fluss des Lebens." Andere fühlen sich durch tiefgründigere Zitate inspiriert, die sie an ihre eigene Widerstandskraft erinnern. Ein Satz aus der Bibel kann ebenfalls eine tiefe innere Ruhe und Sicherheit vermitteln.

In der Psychologie gibt es einen Begriff namens „Self-Talk". Also das, was wir uns selbst im Inneren sagen. Studien zeigen, dass positiver Selbst-Talk nicht nur das Wohlbefinden steigern kann, sondern auch unsere Fähigkeit, mit Stress besser umzugehen.

Wenn wir in unserer inneren Welt freundlich mit uns selbst sprechen, verändert sich auch die Art und Weise, wie wir Herausforderungen bewältigen.

Neben Worten und Sätzen, die uns aufrichten, gibt es auch solche, die uns zur Ruhe bringen können.

In Momenten der Angst oder Panik hilft es oft, sich auf die Atmung zu konzentrieren und dabei beruhigende Worte zu wiederholen.

„Ich bin ruhig"
„Alles ist in Ordnung"
„Ich bin sicher"

Solche Sätze können wie ein Mantra wirken und uns helfen, wieder in einen Zustand der Gelassenheit zu kommen.

Eine Hausapotheke der Worte kann auch für zwischenmenschliche Beziehungen von unschätzbarem Wert sein.

In Konfliktsituationen neigen wir oft dazu, impulsiv zu reagieren und Dinge zu sagen, die wir später bereuen. Wenn wir jedoch in unserer inneren Hausapotheke bereits stärkende Sätze parat haben, können wir einen Moment innehalten und bewusst auf Worte zurückgreifen, die deeskalierend und heilend wirken. Ein Satz wie „Ich verstehe dich" oder „Lass uns in Ruhe darüber sprechen" kann Wunder wirken, wenn die Emotionen hochkochen.

Worte haben die Macht, Brücken zu bauen oder Gräben zu vertiefen. Sie sind das Werkzeug, mit dem wir unsere innere Welt gestalten. Die Art und Weise, wie wir mit uns selbst und anderen sprechen, hat direkte Auswirkungen auf unsere psychische und emotionale Gesundheit. Gerade in Zeiten, in denen wir uns schwach, unsicher oder allein fühlen, können gute Worte wie Balsam für die Seele wirken.

Es ist ein lohnendes Unterfangen, sich bewusst mit den Worten zu beschäftigen, die uns umgeben.

Welche Sätze geben uns Kraft?
Welche Worte helfen uns zur Ruhe zu kommen?
Und welche stärken uns in Zeiten der Not?

Wenn wir uns diese Fragen stellen und unsere Antworten darauf sorgfältig in einer „Hausapotheke" für die Seele sammeln, schaffen wir uns ein mächtiges Werkzeug, das uns durch die Höhen und Tiefen des Lebens begleitet.

Die „Hausapotheke der Worte" ist also keine bloße Sammlung netter Sprüche. Sie ist eine Ressource, die wir aktiv pflegen und auf die wir zurückgreifen können, wenn es schwierig wird. Worte haben Macht und wenn wir die richtigen Worte wählen, können sie uns stärken, beruhigen und trösten. Genau dann, wenn wir sie am meisten brauchen.

Gebete und ihre heilende Wirkung

Prof. Johannes Huber sagte in einem Interview, dass Gebete und Meditation einen enormen Einfluss auf die Gesundheit haben.

Prof. Huber wörtlich: *„Weil man sich durch das Gebet auch spirituell entspannt. Alles, was mit dem Nervus vagus (Anmerkung: jener Nerv, der für Entspannung und Erholung zuständig ist) zu tun hat, dazu gehören Spiritualität, Gebete und Meditation, hat einen enormen Einfluss auf die Gesundheit. "* (Der Hausarzt, Nov. 2018, S. 41)

Gebete haben seit jeher eine besondere Bedeutung für die Menschen, vor allem in Zeiten der Not, der Angst oder des Zweifels. Für viele sind sie weit mehr als einfache Worte. Sie sind eine Verbindung zu etwas Höherem, ein Gespräch mit Gott, dem Universum oder einer inneren Kraft.

Doch die heilende Wirkung von Gebeten geht über das rein Spirituelle hinaus. Auch wenn man nicht religiös ist, können Gebete oder das meditative Sprechen kraftvoller Worte tiefen Frieden und Heilung bringen.

Gebete bieten einen Raum, in dem wir uns öffnen, unser Innerstes preisgeben und uns mit unseren Hoffnungen, Ängsten und Wünschen auseinandersetzen können. Sie geben uns Halt und Orientierung in Momenten, in denen alles um uns herum unsicher erscheint.

Ein Gebet ist oft ein Akt der Hingabe. Der Moment, in dem wir erkennen, dass nicht alles in unserer Macht liegt und dass es Kräfte gibt, die jenseits unseres Verständnisses wirken. Diese Erkenntnis kann eine große Last von unseren Schultern nehmen und uns inneren Frieden schenken.

Die heilende Wirkung von Gebeten ist kein neues Konzept. Seit Jahrhunderten berichten Menschen aus allen Kulturen und Glaubensrichtungen von der Kraft des Gebets, um körperliche und seelische Wunden zu heilen. In der modernen Psychologie und Medizin wird immer mehr erkannt, dass Gebete und Meditationen tatsächlich messbare Auswirkungen auf die

Gesundheit haben können. Und das habe ich auch oft in meiner Praxis erlebt.

Forschungen haben gezeigt, dass Menschen, die regelmäßig beten oder meditieren, oft weniger gestresst sind und eine größere psychische Widerstandskraft entwickeln. Das liegt unter anderem daran, dass der Akt des Betens den Geist beruhigt und einen Zustand innerer Gelassenheit fördert.

Ein Gebet kann eine Bitte sein. Man kann um Schutz, Heilung, Kraft oder Führung bitten. Es kann aber auch einfach eine Möglichkeit sein, Dankbarkeit auszudrücken und innezuhalten. In diesem Moment des Innehaltens wird der hektische Geist beruhigt. Die Atemzüge werden tiefer und wir kommen zurück zu uns selbst. Die Worte eines Gebets können wie ein Mantra wirken, das uns in einen Zustand der inneren Ruhe versetzt, in dem Heilung geschehen kann.

Die heilende Wirkung von Gebeten liegt nicht nur in den Worten selbst, sondern auch im Akt des Sprechens. Wenn wir beten, treten wir in einen Zustand der Hingabe und des Vertrauens ein. Wir lassen sozusagen los.

Wir lassen los von dem Bedürfnis, alles kontrollieren zu wollen. Dieser Zustand des Loslassens ist heilsam, denn er bringt uns zurück in den gegenwärtigen Moment.

In einer Welt, in der wir oft von Sorgen über die Zukunft oder Gedanken über die Vergangenheit überwältigt werden, ist das Gebet eine Rückkehr ins Hier und Jetzt.

Gebete können auch eine Form der Selbstheilung sein. Wenn wir beten, richten wir unseren Geist auf das aus, was uns wichtig ist. Sei es Gesundheit, Frieden oder die Heilung einer Beziehung.

Dieser fokussierte geistige Zustand kann tiefgreifende Veränderungen in unserem Inneren bewirken. Es ist, als ob wir uns selbst die Erlaubnis geben, Heilung zuzulassen und Frieden zu finden.

Die Kraft des Gebets liegt in seiner Fähigkeit, uns auf das Wesentliche zu konzentrieren und die Ablenkungen des Alltags für einen Moment loszulassen.

Ein Beispiel: Stellen Sie sich vor, Sie sind in einer Situation, in der Sie sich überfordert fühlen. Die Sorgen des Alltags wachsen Ihnen über den Kopf, und Sie wissen nicht, wie Sie weitermachen sollen. Ein Gebet in diesem Moment könnte lauten:

„Herr (oder Jesus), gib mir die Kraft, diesen Tag zu überstehen, und schenke mir den Mut, das Unvermeidbare zu akzeptieren."

Diese einfachen Worte schaffen eine innere Veränderung. Sie bringen Ruhe in den Geist und erlauben es, den Fokus auf das zu richten, was wirklich zählt. Der Stress verflüchtigt sich und wir sind in der Lage, klarer zu denken und uns den Herausforderungen zu stellen.

Auch die Gemeinschaft, die oft mit Gebeten verbunden ist, kann eine heilsame Wirkung haben. Viele religiöse oder spirituelle Traditionen beten in der Gruppe. Dieses gemeinsame Gebet schafft ein Gefühl der Verbundenheit und Zugehörigkeit.

In Zeiten, in denen man sich alleine oder verloren fühlt, kann die Erfahrung des gemeinsamen Betens Trost spenden und das

Gefühl geben, dass man Teil von etwas Größerem ist. Diese Gemeinschaft bietet Halt und trägt zur Heilung bei, indem sie uns daran erinnert, dass wir nicht alleine sind.

Es gibt viele Beispiele dafür, wie Gebete Heilung und Trost gebracht haben.

Sie geben den Menschen in Momenten der Schwäche die Kraft, weiterzumachen.

Sie schaffen Raum für Hoffnung, wo zuvor Verzweiflung war.

Sie schenken Frieden, wo zuvor Chaos herrschte.

Gebete haben die Macht, uns zu verbinden. Mit uns selbst, mit anderen und mit Gott. Und in dieser Verbindung liegt Heilung.

Vertrauen auf das Wort

Worte können einen tiefen Eindruck hinterlassen, sowohl im positiven als auch im negativen Sinn. Sie können aufbauen und mutig machen oder jedes Selbstvertrauen nehmen.

Daher sollte man seine Worte abwägen, bevor man sie ausspricht. Wie schnell ist man beglückt oder beleidigt. Und beglückend oder schlimm ist, dass die Wirkung der Worte lange anhält.

Fallbericht: Josefine, eine 60 Jahre junge Patientin, erzählte mir kürzlich, ihre Nachbarin habe ihr als 12-jähriges Mädchen (das ist also jetzt 48 Jahre her) gesagt:
„Du bist so hässlich, dich wird nie ein Mann wollen."
Die Patientin habe sich damals sehr gekränkt und seither immer wieder daran gedacht, bis sie vor neun Jahren geheiratet hat und ihr Ehemann immer wieder sagte, wie schön sie ist. Sie ist tatsächlich eine fesche, sympathische Frau.

Die Frau berichtet dann weiter, dass diese Nachbarin selbst sehr hässlich war. Damit war ziemlich klar, warum sie so gemein war. Das nennt man in der Psychologie Außenprojektion.

Außenprojektion kommt leider relativ häufig vor: Etwas, das ich in mir nicht akzeptieren kann oder will, hänge ich gleichsam jemand anderem um. Meist jemandem, den ich beneide. Hier kommt oft auch Eifersucht ins Spiel. Aber selbst dieses Wissen hilft oft nicht und wir kränken uns dann völlig unnötig. Daher sollte man mit jemand Vertrautem darüber sprechen.

Leider gilt bei allen Beschimpfungen, Herabsetzungen und sonstiger negativer Kritik, dass solche Worte gleichsam wie eine Vergiftung wirken. Heilend wirken dann hauptsächlich Gespräche und Gebete.

Die Gottesmutter

Wenden wir uns unserer Gottesmutter zu, denn eine irdische Mutter zu haben, heißt leider nicht immer Liebe und Geborgenheit. Für diesen Fall ist in unserer Seele bereits vorgesorgt: Wir haben eine Mutter im Himmel, unsere Gottesmutter.

Der Schweizer Psychoanalytiker C. G. Jung nannte die innere Mutter in jedem Kind „die archetypische Mutter", auch kurz „Mutterarchetyp" genannt. Das heißt, ein inneres Bild zu haben, das genau weiß, wie eine gute Mutter ist.

Daher wissen wir alle, wie eine gute Mutter sich zu ihrem Kind verhält, auch wenn wir in der Kindheit diese beglückende Erfahrung nicht machen konnten.

Es ist also zweifellos: Wir haben eine Mutter, die uns beschützt und die uns hilft zu leben.

Nun, manche von Ihnen werden traurig sein und daran denken, wie wenig liebevoll und wertschätzend ihre Mutter war. Trotzdem hat sie sicher ihr Kind geliebt, denn das ist biologisch vorgegeben. Sie kann gar nicht anders als ihr Kind zu lieben. So wie Kinder gar nicht anders können als ihre Eltern zu lieben.

Wenn aber eine Mutter selbst keine Liebe erfahren hat und sich überfordert fühlt, dann kann sie nur wenig Liebe weitergeben. Es gibt leider viele Gründe, warum sie sich selbst nicht lieben konnte und deshalb egoistisch handelte.

Allen jenen, die beim Wort „Mutter" eher laut weinend oder schreiend davonlaufen möchten, will ich nochmals sagen: Wir haben eine Mutter, auf die immer Verlass ist, die uns beschützt und behütet, eben wie eine gute Mutter: unsere Gottesmutter! „Himmelmutter" hat sie bei mir in der Kindheit geheißen und sie hat mich tatsächlich beschützt, wenn meine Mutter nicht da war. Und sie war sehr selten da.

Viele Menschen fühlen sich nicht wertgeschätzt. Woran liegt das? Wenn Kinder zu wenig Wertschätzung erfahren, weil manche Eltern wirklich unter Stress leiden und beim besten Willen keine Zeit für wertschätzende Gespräche haben, dann können die Kinder Wertschätzung gar nicht lernen.

Das Aussöhnen mit der eigenen Mutter ist für unser eigenes Wohlbefinden sehr wichtig. Und dabei kann uns die Gottesmutter wirklich helfen, wenn wir beten. Ja, wir dürfen uns freuen, dass es die Gottesmutter für uns gibt, dass sie sich uns gezeigt hat und dass sie uns nie alleine lässt.

Wir können sie immer anrufen. Ohne Geld und ohne Technik können wir sie anrufen, sie ist immer auf Empfang.

So wie auch Christus immer auf Empfang ist:

„Ich bin bei euch alle Tage bis zum Ende der Welt." (Mt. 28, 20) (vgl. Josef Ratzinger, Benedikt XVI., *Werte in Zeiten des Umbruchs*, Herder 2005, S. 152)

Eine gute psychotherapeutische Hilfe ist die Transaktionsanalyse mit der sogenannten „Beelterung". Das heißt, dass ich im Erwachsenen-Ich mein inneres Kind im Gebet, in der Fantasie (Meditation), in die Arme nehme, es streichle, kose und ihm tröstende Worte zuspreche.

Bei schweren Verletzungen durch die eigene Mutter würde ich allerdings eine professionelle Psychotherapie empfehlen, denn Wunder werden uns halt sehr selten geschenkt. Andererseits, wenn wir sehr darunter leiden, ist das manchmal offensichtlich von Gott so gewollt, um uns reifer und vollkommener zu machen.

Werner Bergengruen beschreibt das in einem Gedicht folgendermaßen:

Jeder Schmerz entlässt dich reicher
Preise die geweihte Not
Und aus nie geleerten Speichern
Nährt dich das geheime Brot.

Mit welchen Machtworten können wir unser inneres Kind beruhigen, zufrieden stimmen und glücklich machen? Was hätte ich als Kind gewollt, dass meine Mutter zu mir sagt?
„Ich hab dich lieb, du bist mein Schatz, es ist gut, dass es dich gibt."

Das sind alles Machtworte, die uns auch die Macht der Liebe spüren lassen.

Mutterliebe ist eine Macht. Dessen sind sich viele Frauen nicht bewusst. Die Männer sind sich schon eher bewusst, vor allem diejenigen, die sich von ihrer Mutter nicht trennen können. Ich kannte einen älteren Herrn, der erst einen Monat nach dem Tod seiner Mutter bewusst auf Brautschau ging und ein Jahr später heiratete.

Doch nicht nur die Mutter, auch jeder Vater hat Macht gegenüber den Kindern und auch der Ehefrau gegenüber. Hier spielt die Macht der Liebe eine große Rolle. Herzloser Machtanspruch tötet die Liebe. Liebevolle Worte eines geliebten Ehemannes oder Ehefrau, Familienmitgliedern, Geschwistern, Großeltern wirken heilend, wenn sie wirklich aus dem Herzen kommen. Das zeigen uns Spiegelneuronen.

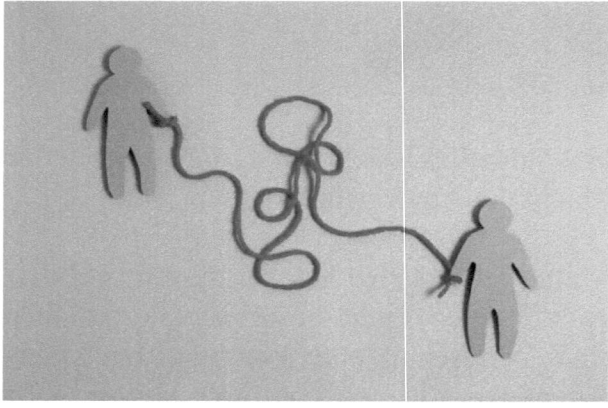

Aber auch mit anderen Menschen, die uns nahestehen, mit denen wir eng verbunden

sind, können sich gute Worte mächtig auswirken.

Wissenschaftliche Studien zeigen, dass bei
Handwerkern, die eine bestimmte Tätigkeit
immer mit Daumen und Zeigefinger ausführen, eine Verdickung der Gehirnsubstanz
in der dafür zuständigen Gehirnregion zu
finden ist. Das heißt, je öfter wir irgendeine
Tätigkeit durchführen, umso mehr Gehirnsubstanz ist dafür zuständig.

Dasselbe gilt auch für Worte und Sätze,
Geschichten, Gedichte, Psalmen und Bibelsprüche. Je häufiger wir Worte, Sätze,
Psalmen, Gedichte und Bibelsprüche wiederholen, umso fester verankert sind sie in
der Biologie des Gehirns, nämlich in den
Gehirnzellen.

Leider gilt das auch für jegliche Art von
Beschimpfungen, Herabsetzungen und
sonstige negative Kritik. Solche Worte
vergiften unser Gehirn.

Ich möchte diesmal anstelle einzelner
machtvoller heilender Worte auch machtvolle, kurze Erzählungen bringen, die uns

helfen, heilende Erfahrungen zu machen. Elisabeth Lukas, eine Schülerin Viktor Frankls, zitiert in ihrem Buch *Weisheit als Medizin* die Fabel:

<u>Der Tiger und der invalide Fuchs</u>

Unterwegs im Wald sah ein Mann einen Fuchs, der seine Beine verloren hatte. Er wunderte sich, wie das Tier dennoch überleben konnte. Dann sah er einen Tiger mit einem gerissenen Wild. Der Tiger hatte sich satt gefressen und überließ dem Fuchs den Rest.

Am nächsten Tag ernährte Gott den Fuchs wiederum mit Hilfe desselben Tigers. Der Mann war erstaunt über Gottes große Güte und sagte zu sich:

„Auch ich werde mich in eine Ecke setzen und dem Herrn voll vertrauen, und er wird mich mit allem Nötigen versorgen."

Viele Tage brachte er so zu, aber nichts geschah und der arme Kerl war dem Tode nahe, als er eine Stimme hörte:
„Du da, auf dem falschen Weg, öffne die Augen vor der Wahrheit. Folge dem Beispiel des Tigers und nimm dir nicht länger den behinderten Fuchs zum Vorbild."

Und hier sind wir wieder bei einer Macht, der Macht der Vorbildwirkung, die durch Worte und Taten uns beeinflussen kann.

Als Kinder haben wir meistens unsere Eltern als Vorbild, später suchen die Jugendlichen andere Vorbilder, Lehrer, Priester, Sänger, Schauspieler, Persönlichkeiten aus dem Fernsehen oder Internet. Dabei kann viel passieren, wenn diese Person zwar im öffentlichen Interesse steht, aber charakterlich sehr zweifelhaft ist. Manche übernehmen dann doch auch Eigenschaften und Verhaltensweisen, die ihnen nicht gut bekommen.

Vorbilder sind Leitbilder und diese haben die Macht, uns zu beeinflussen, weil viele sich mit ihrem Leitbild unwillkürlich identifizieren.

Nun, die Geschichte geht weiter:

So kroch der Mann wieder aus seiner Ecke hervor. Auf der Straße traf er ein kleines, frierendes Mädchen. Zitternd in einem dünnen Kleid und ohne Hoffnung, etwas Warmes zu essen zu bekommen.

Er wurde zornig und sagte zu Gott:
„Wie kannst du das zulassen? Warum tust
du nichts dagegen?"
Der Mann war zornig auf Gott und schimpf-
te auf seine Härte und Willkür.

Eine Zeitlang sagte Gott nichts. Aber in der
Nacht antwortete er ganz plötzlich:
„Ich habe sehr wohl etwas dagegen getan.
Ich habe dich erschaffen."

Wenn Sie jetzt gut aufgepasst haben und von dieser Erzählung berührt sind, dann war es für Sie eine machtvolle Geschichte, wenn sie Sie zum Denken anregt.

Denken Sie nach! Welche Vorbilder haben Sie selbst? Eltern oder Großeltern, die ab dem 65. Lebensjahr in den völligen Ruhestand getreten sind, sehr zurückgezogen gelebt haben und sich nur mit ihren Wehwehchen beschäftigt haben? Oder hatten oder haben Sie noch immer Eltern, die schon älter oder sogar über 80 sind und noch voll aktiv sind und sich wegen kleinerer Wehwehchen keine großen Sorgen machen?

Ich hoffe für Sie, es ist Letzteres, denn dann gehe ich davon aus, dass auch Sie mutig in die Zukunft sehen und sich von diesen lebensbejahenden Vorbildern auch Mut machen lassen.

Machtworte – das Experiment

Wie leicht ganz gewöhnliche Worte zu Machtworten werden können, die uns stark beeinflussen, zeigt folgendes Experiment:

Man legte jungen Testpersonen längere Serien von Worten aus der Welt der Senioren vor. Grau, schwerhörig, Sehverschlechterung, Bridge, Schmerzen, geschwächt, Hautfalten, behindert usw.

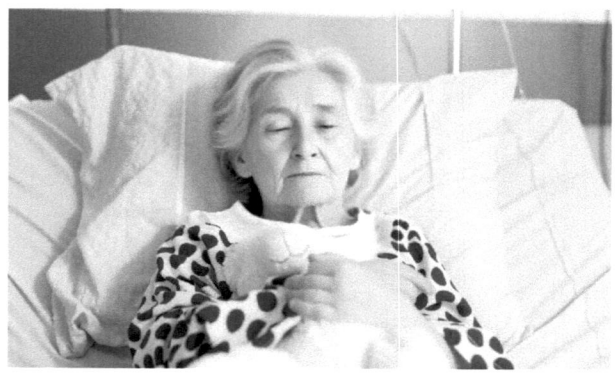

Dann sollten sie in einem anderen Trakt in ein Nachbargebäude gehen. Dabei stellte man fest, dass diese Jungen signifikant viel langsamer gingen als die Vergleichspersonen, denen man positive, lustige, sportliche Worte vorgelegt hatte.

Bei dem Gedächtnistest mit den jungen Menschen, denen man Worte wie „grau", „schwerhörig", „Schmerzen" usw. vorher präsentiert hatte, hatten sie außerdem deutlich schlechtere Leistungen in den Gedächtnistests. (Vgl. Joachim Bauer, „Selbststeuerung", S. 99)

Dieses Experiment demonstriert das sogenannte Priming, nämlich die Wirkungsweise unseres Unbewussten. Priming ist also eine unbewusste Beeinflussung. Hochinteressant und ganz wichtig für die meisten Älteren unter uns. Denn wir sind bereits geprimt, entweder durch unsere Eltern und Großeltern und damit durch unsere unbewusste Einstellung zu 60-, 70- oder 80-jährigen Personen. Und wenn mich dann dieses Alter eines Tages einholt, dann glaube ich auch, dass mein Gedächtnis nachlässt, wenn ich einmal den Schlüssel nicht finde. Obwohl ich mit 20 Jahren häufiger die Schlüssel suchte als jetzt. Genauso ist es oft mit Namen von Bekannten.

Die Neurowissenschaft hat sich in den letzten Jahrzehnten enorm weiterentwickelt.

Was vor 30 Jahren kaum denkbar war, wird heute nicht mehr angezweifelt.

So schreibt der Neurobiologe Hüther:

„Befunde, die gezeigt hatten, dass es Schlaganfallpatienten gibt, deren gesamter linker Cortex (linke Hirnhälfte, eig. Anm.) aufgrund der durch einen Gefäßverschluss unterbrochenen Blutversorgung abgestorben, degeneriert und funktionsuntüchtig geworden war und die all diese verloren gegangenen Fähigkeiten weitgehend wiedererlangt hatten. Und zwar deshalb, weil sich in ihrem noch gesunden rechten Cortex entsprechende neue Verschaltungsmuster für die Steuerung dieser Funktionen herausgebildet hatten." (Jill B. Taylor, „Mit

einem Schlag. Wie eine Hirnforscherin durch ihren Schlaganfall neue Dimensionen des Bewusstseins entdeckt", Knaur 2010, aus Hüther: „Raus aus der Demenzfalle")

Dieses Wissen, dass das menschliche Gehirn sogar im hohen Alter fähig ist, sich anzupassen, ist von großer Bedeutung. Es kann neue Nervenzellverbindungen herstellen, Verschaltungsmuster ändern und neue Nervenfortsätze ausbilden. Sogar die Bildung neuer Nervenzellen ist möglich.
Dieses Wissen kann uns vor Demenz schützen, z. B. bei Schlaganfall, Lähmungen unterstützen und der sogenannten Altersschwäche entgegenwirken.

Die Meinung, die viele Leute noch haben, „Alter sei zwangsläufig mit Gebrechlichkeit (Frailty) und Hinfälligkeit verbunden", stimmt nicht, nach diesen inzwischen ja nicht einmal ganz neuen Erkenntnissen der Hirnforschung.

Allerdings wird einem auch im Alter nichts geschenkt. Wir müssen aktiv bleiben, auch wenn es uns noch so schwer fallen sollte. Es gilt immer noch der alte Spruch: „Use it, or lose it." Gebrauche deine Fähigkeiten, oder verliere sie.

Coach Potatoes gibt es schon viel zu viele – bleiben Sie aktiv und damit auch – JUNG!

Und sprechen Sie nicht immer von den vielen Krankheiten, sondern von den „guten Seiten" des Lebens.

Die Spiegelneuronen

In der modernen Neurowissenschaft haben Spiegelneuronen die Art und Weise, wie wir über das menschliche Verhalten und unsere sozialen Interaktionen denken, grundlegend verändert. Diese speziellen Nervenzellen wurden Ende der 1990er Jahre entdeckt, als Forscher Affen beobachteten. Sie entdeckten dabei, dass dieselben Gehirnregionen aktiv sind, wenn man eine Handlung nur beobachtet.

Man muss also nicht selbst die Handlung ausführen, damit die dafür notwendigen Hirnareale aktiv werden. Diese Entdeckung hat nicht nur unser Verständnis von Lernen und Nachahmung revolutioniert, sondern auch unsere Sicht auf Empathie und emotionale Verbindung.

Stellen Sie sich vor, Sie sind in einem Raum voller lachender und fröhlicher Menschen. Nicht nur der Klang des Lachens wirkt ansteckend, sondern auch die Art und Weise, wie die Gesichter der Menschen leuchten.

In diesem Moment aktivieren Ihre Spiegelneuronen eine Art Reflexion. Sie beginnen
selbst zu lächeln. Auch wenn Sie nicht
genau wissen, worüber die anderen lachen.

Dieses Phänomen ist der Grund, warum wir
uns in sozialen Situationen oft so stark
verbunden fühlen. Es ist so, als ob unser
Gehirn die Emotionen anderer spiegelt. Und
dadurch entsteht eine unmittelbare Verbindung, die oft tiefer geht als Worte es je
könnten.

Ein weiteres Beispiel findet sich im Bereich der Kunst. Denken Sie an einen Schauspieler, der in einer emotionalen Szene eines Films auftritt. Wenn der Schauspieler Trauer oder Freude zeigt, spüren die Zuschauer oft eine ähnliche Emotion, selbst wenn sie die dargestellte Erfahrung nie selbst gemacht haben.

Diese Fähigkeit, Emotionen anderer zu fühlen, wird durch die Spiegelneuronen vermittelt. Sie ermöglichen es dem Zuschauer, die innere Welt des Schauspielers zu verstehen und sich mit ihm zu identifizieren.

Ein besonders eindrucksvolles Beispiel für die Rolle der Spiegelneuronen im Alltag ist das Phänomen des „Chameleon effect". Wenn wir mit jemandem sprechen und er sich beispielsweise in seiner Körperhaltung oder Mimik verändert, neigen wir dazu, diese Veränderungen unbewusst zu spiegeln. Wenn unser Gesprächspartner lächelt, lächeln wir oft ebenfalls und wenn er oder sie die Arme verschränkt, tun wir dasselbe.

Dies geschieht nicht nur als Zeichen des Interesses, sondern auch, um eine tiefere Verbindung herzustellen. Es zeigt, wie unsere Gehirne darauf programmiert sind, die Emotionen und Verhaltensweisen anderer zu erkennen und nachzuahmen.

In der Pädagogik können die Erkenntnisse über Spiegelneuronen ebenfalls einen entscheidenden Einfluss haben.

Stellen Sie sich vor, ein Lehrer bringt den Schülern Mathematik bei. Wenn der Lehrer leidenschaftlich erklärt und seine Begeisterung für das Fach zeigt, werden die Schüler durch die Spiegelneuronen motiviert. Sie spiegeln nicht nur die Emotion des Lehrers wider, sondern nehmen auch aktiv am

Lernprozess teil, was zu einem tieferen Verständnis des Themas führen kann.

In der Psychotherapie kann man durch Empathie und emotionales Verständnis eine sichere Umgebung schaffen, in der Patienten ihre Gefühle erkunden können. Wenn ein Psychologe authentisch reagiert und Mitgefühl zeigt, aktivieren die Spiegelneuronen des Patienten eine ähnliche Reaktion.

Genauso verhält es sich auch mit guten Worten. Anhand der Spiegelneuronen kann man eindeutig nachweisen, dass unsere Außenwelt einen direkten Einfluss auf uns hat. Und Worte sind eben nicht nur Worte, sondern ein mächtiges Werkzeug.

Negative Worte schaden uns

Negative Worte vergiften gleichsam unser Gehirn. Beschimpfungen, Herabsetzungen und negative Kritik schaden uns.

Worte, auch ein Vortrag, können einen tiefen Eindruck hinterlassen. Ein tiefer und oft bleibender Eindruck kann sowohl im positiven als auch im negativen Sinn wirken. Positive Worte können aufbauen und Mut machen, negative Worte können verstören und Selbstvertrauen nehmen.

Daher sollte man seine Worte sorgfältig wählen und jedes Wort auf die Goldwaage legen, wie man so schön sagt, denn: Wie schnell ist jemand beglückt oder beleidigt! Und noch einmal sei daran erinnert, dass die Wirkung der Worte lange anhält. Viele Dichter haben über dieses Thema geschrieben.

Wenden wir uns wieder unserer Gottesmutter zu. Wie bereits geschrieben, eine irdische Mutter zu haben, heißt leider nicht immer Liebe und Geborgenheit. Für diesen Fall ist in unserer Seele bereits vorgesorgt:

Wir haben eine Mutter im Himmel, unsere Gottesmutter!

Wir haben ein inneres Bild, das genau weiß, wie eine gute Mutter ist. Wir alle tragen „die archetypische Mutter" in uns, wie C.G. Jung lehrt. Wir wissen, wie nährende und heilende Worte klingen, auch wenn wir in unserer

Kindheit viele verletzende Worte gehört haben. Wir wissen, wie Empathie ihren Ausdruck findet, auch wenn wir in unserer Kindheit wenig Empathie erfahren konnten.

Unsere Gottesmutter verkörpert zweifellos eine Mutter, die uns beschützt und die uns hilft zu leben.

Als Ärztin kenne ich leider die Reaktionen von Patienten, wenn wir zu wenig empathisch mit Angehörigen sprechen.

Ich erinnere mich an ein Beispiel in einer Intensivstation. Ich stand neben dem Primar auf seiner Station, er war umringt von besorgten Angehörigen der Patienten und Patientinnen. Mit ruhiger Stimme deutete er auf eine junge Frau und sagte ihr: „Ihr Ehemann ist nicht mehr auf der Station." Keine weitere Erklärung, keine weitere Bemerkung. Er wandte sich den anderen Angehörigen zu.

Kein Problem, würde man meinen. Ich beobachtete die arme Frau und sah ihren verstörten und ängstlichen Gesichtsausdruck. Ich musste sofort intervenieren: „Keine Angst, Ihrem Mann geht es besser, er wurde von der Intensivstation auf eine Normalstation verlegt." Dabei habe ich gelächelt und der Frau in die Augen geschaut. Sofort entspannte sich ihr Gesicht und sie begann zu lächeln. „Oh Gott sei Dank, ich dachte schon …"

Genau das passiert bei – nennen wir es – „fahrlässiger Kommunikation". Sogar nicht gesagte Worte können oft Schlimmes auslösen. So wie in diesem Fall. Ein einfaches „Ihrem Ehemann geht es besser", hätte die Situation entspannt.

Gute Worte und die Wissenschaft

Eine bahnbrechende Studie, die von Dr. Masaru Emoto, einem japanischen Wissenschaftler, durchgeführt wurde, beleuchtet die Kraft von Sprache auf physische Materie.

Emoto ließ Wasser in Gläsern mit positiven und negativen Wörtern beschriften. Anschließend untersuchte er die sich bildenden Eiskristalle, nachdem das Wasser gefroren war. Die Ergebnisse waren bemerkenswert: Wasser, das mit positiven Worten wie „Liebe" oder „Dankbarkeit" beschriftet war, bildete wunderschöne, symmetrische Kristalle. Wasser, das mit negativen Worten wie „Hass" oder „Schmerz" beschriftet war, bildete chaotische, deformierte Kristalle.

Diese Experimente zeigen eindrucksvoll, wie Worte die Realität beeinflussen können, selbst auf der molekularen Ebene.

Solche Erkenntnisse führen uns zur tiefen Wahrheit, dass Worte nicht einfach nur

Mittel zur Kommunikation sind. Sie sind auch Werkzeuge, die sowohl heilen als auch verletzen können.

Dabei will ich aber nicht unerwähnt lassen, dass das Wasser-Experiment in der Wissenschaftsgemeinde durchaus umstritten ist. Dennoch wollte ich es Ihnen nicht vorenthalten, um die positive Wirkung von guten Worten zu untermauern.

Der Psychologe Dr. John Gottman ist ein Experte für Beziehungen. Er hat in seinen Forschungen festgestellt, dass negative Interaktionen in einer Beziehung weitreichende Folgen haben können.

Gottman identifizierte das Verhältnis von positiven zu negativen Interaktionen, das für eine gesunde Beziehung entscheidend ist. Er entdeckte, dass es ein Verhältnis von mindestens fünf positiven zu einer negativen Interaktion benötigt, um die Beziehung stabil zu halten.

Dies bedeutet, dass ein einziges negatives Wort in einem Moment der Verletzlichkeit oder des Streits eine Kettenreaktion von Konflikten auslösen kann, die das Fundament einer Beziehung gefährden.

Es sind oft die kleinen, scheinbar harmlosen Bemerkungen in der Familie, die sich ins

Gedächtnis eingraben und einen tiefen Eindruck für ein ganzes Leben hinterlassen.

In einem Gespräch mit einer Patientin, die mit ihrem Selbstwertgefühl kämpfte, erzählte sie mir von einem Kommentar, den sie als Kind von einem Lehrer gehört hatte: „Du bist nicht gut genug." Diese Worte, die in einem flüchtigen Moment ausgesprochen wurden, hatten sich in ihrem Unterbewusstsein festgesetzt und beeinflussten ihre Entscheidungen und Beziehungen bis ins Erwachsenenalter.

Die Wissenschaft bestätigt, dass negative Erfahrungen, die mit Emotionen verbunden sind, in unserem Gedächtnis stärker verankert werden als positive. Diese Tendenz, negative Worte und Erfahrungen zu verarbeiten und zu behalten, kann als eine Art evolutionärer Überlebensmechanismus interpretiert werden. In der Urgeschichte waren negative Erfahrungen oft mit Bedrohungen verbunden, die es zu vermeiden galt.

In der heutigen Zeit, in der soziale Medien und ständige Vernetzung vorherrschen und echte Erlebnisse sogar oft durch das Handy „konsumiert" werden, sind die Auswirkungen von negativen Worten noch ausgeprägter. Cybermobbing ist ein Phänomen, das in den letzten Jahren exponentiell zugenommen hat und die Auswirkungen auf Psyche und Gesundheit der Betroffenen sind verheerend.

Das Handy als Erlebnis-Ersatz und Einfallstor für Cybermobbing?

Eine Studie der American Psychological Association ergab, dass Menschen, die Online-Belästigungen erfahren, ein höheres Risiko für Angstzustände, Depressionen und Selbstverletzungsverhalten aufweisen. Die ständige Präsenz negativer Kommentare und verletzender Worte kann das

Gefühl der Isolation verstärken und die Selbstwahrnehmung stark beeinträchtigen.

Doch wo Schatten ist, da ist auch Licht.

Negativen Worten entgegenzuwirken, kann eine transformative Kraft entfalten. Positive Sprache hat das Potenzial, das Selbstwertgefühl zu stärken und eine unterstützende Atmosphäre zu schaffen.

Dies wird in der positiven Psychologie intensiv untersucht. Dr. Martin Seligman hat in seinen Studien herausgefunden, dass Dankbarkeit, Optimismus und positive Affirmationen nachweislich das emotionale Wohlbefinden erhöhen und helfen können,

negative Gedankenspiralen zu durch-
brechen.

Wenn ich über die Macht der negativen
Worte nachdenke, fühle ich mich oft an die
Verantwortung erinnert, die wir als
Menschen tragen. Die Wahl der Worte kann
eine Nation inspirieren oder sie ins Chaos
stürzen. Ein Beispiel, das mir immer wieder
in den Sinn kommt, ist die Wirkung von
politischen Reden. Worte können sowohl
zur Mobilisierung als auch zur Spaltung
einer Gesellschaft genutzt werden.

Das Verständnis für die Macht der negativen
Worte öffnet uns die Augen für die Verantwortung, die wir im Umgang mit Sprache
haben. Worte können verletzen, aber sie
können auch heilen.

Wir müssen uns stets bewusst sein, wie
unsere Kommunikation andere beeinflusst.
Indem wir uns aktiv dafür entscheiden,
Worte der Unterstützung, des Mitgefühls
und der Ermutigung zu wählen, können wir
nicht nur unser eigenes Leben, sondern auch
das Leben der Menschen um uns herum
bereichern.

NÄHER, MEIN GOTT, ZU DIR

Wünsche und Gebete haben mir sehr gutgetan. Ganz besonders in Erinnerung ist mir das Gedicht von Rudolf Alexander Schröder geblieben:

> *Es mag sein, dass alles fällt,*
> *dass die Burgen dieser Welt,*
> *um dich her in Trümmer brechen.*
> *Halte du den Glauben fest,*
> *dass dich Gott nicht fallen lässt,*
> *er hält sein Versprechen.*
> *Es mag sein, dass Frevel siegt,*
> *wo der Fromme niederliegt.*
> *Doch nach jedem Unterliegen*
> *wirst du den Gerechten sehen.*
> *Lebend aus dem Feuer gehen,*
> *neue Kräfte kriegen.*
> *Es mag sein, so soll es sein.*
> *Fass ein Herz und gib dich drein.*
> *Angst und Sorge wird's nicht wenden.*
> *Deine Zeit und alle Zeit*
> *stehen in Gottes Händen.*

Was ist es, das mich näher zu Gott bringt? Was soll ich tun, um Gott näher zu kommen?

Denken wir alle gleich einmal nach:
Was ist Gott für mich?
Mein Schöpfer, der Herr der Welt?
Mein himmlischer Vater, ein strafendes Wesen?
Oder mein Freund, mein Ziel, oder meine große Liebe?

Gott ist Liebe

Eine gute Überlegung dabei ist, dass Gott die Liebe ist.

Eine Klosterfrau sagte kürzlich begeistert zu mir: „Ich bin in Jesus verliebt! Es ist so schön, IHN zu lieben. Bin ich jetzt deshalb schon manisch?"

Nein. Manisch war sie ganz und gar nicht, sondern einfach glücklich im Kloster zu sein.

Es gibt Momente im Leben, in denen wir uns fragen: Wie komme ich näher zu Gott? Was kann ich tun, um diese Verbindung zu stärken und noch tiefer zu spüren?

Besonders in der Fastenzeit, die als Zeit der Besinnung und der inneren Einkehr gedacht ist, stellen sich viele von uns diese Fragen. In diesen Tagen spüren wir besonders stark den Wunsch, etwas zu tun, das uns näher zu der göttlichen Liebe führt.

Eine liebe Barmherzige Schwester erzählte mir von ihrer Tante, die kürzlich ihren 107. Geburtstag feierte. Eine unglaubliche Zahl, nicht wahr? 107 Jahre auf dieser Erde. Geistig und körperlich gesund, immer noch voller Lebenskraft und Zuversicht.

Ich war beeindruckt, als ich hörte, wie lebendig und wach diese Frau noch ist. Als ich nach ihrem Geheimnis fragte, lächelte die Schwester. Sie erzählte mir, dass ihre

Tante seit Jahren jeden Tag 10 bis 15 Rosenkränze betet. Jeden einzelnen Tag.

Diese Geschichte hat mich tief berührt und
zum Nachdenken gebracht. Da ist eine Frau,
die offensichtlich nicht nur körperlich
gesund ist, sondern auch eine tiefe innere
Kraft besitzt. Sie strahlt eine Ruhe und
Gelassenheit aus, die viele von uns in
jüngeren Jahren längst verloren haben. Es
ist erstaunlich, wie das Gebet für sie eine
tägliche Praxis ist, die sie nicht nur
körperlich, sondern auch geistig gesund hält.

Doch was bedeutet es wirklich, Gott näher zu kommen?

Kann also das tägliche Gebet, wie im Fall dieser Frau, uns wirklich helfen, eine tiefere Verbindung zu Gott zu spüren?

Das Rosenkranzgebet ist in der katholischen Tradition fest verankert und gilt als eine der stärksten Formen des Gebets. Doch es ist nicht nur eine Abfolge von Worten, es ist eine Meditation. Während die Hände die Perlen des Rosenkranzes berühren und die Lippen die Gebete sprechen, versinkt der Geist in die Betrachtung der Geheimnisse des Lebens Jesu und Marias.

Es ist ein Gebet, das Herz und Seele vereint. Das den Betenden in eine tiefere Beziehung zu Gott führt. Doch das ist nur eine Form, eine Art, wie Menschen ihre Beziehung zu Gott pflegen.

Was ich in der Geschichte dieser 107-jährigen Frau so faszinierend finde, ist die Hingabe und Beständigkeit, mit der sie ihren spirituellen Weg geht. Für sie ist das Gebet keine Last, keine Pflicht, sondern eine Quelle der Kraft. Es gibt ihr die Energie, das Leben in all seinen Facetten anzunehmen und es schenkt ihr die geistige Stärke, sich auf das Wesentliche zu konzentrieren. Und genau hier liegt der Schlüssel zur Frage, wie wir Gott näher kommen können.

Es geht nicht nur um die Form des Gebets, sondern um die innere Haltung, mit der wir uns diesem Moment der Einkehr widmen. Ob es nun der Rosenkranz ist, ein freies Gebet oder ein stilles Gespräch mit Gott: Alles was zählt, ist die Absicht, die hinter unseren Worten steht.

Beten wir nur, weil es Tradition ist?
Oder weil wir wirklich spüren, dass uns dieses Gespräch näher zu Gott bringt?

In der Fastenzeit haben wir die Möglichkeit, bewusst innezuhalten und diese Fragen für uns zu beantworten. Diese Zeit des Verzichts und der Reflexion ist eine Gelegenheit, uns darauf zu besinnen, was uns wirklich näher zu Gott und zur Liebe bringt.

Vielleicht ist es für den einen das tägliche Gebet, für den anderen die bewusste Auseinandersetzung mit den eigenen Schwächen und Stärken. Was auch immer es ist, diese Zeit lädt uns ein, uns selbst besser kennenzulernen und unseren Platz in der Beziehung zu Gott zu hinterfragen.

Die Geschichte der 107-jährigen Frau ist ein wunderbares Beispiel dafür, wie kontinuierliche spirituelle Praxis uns nicht nur körperlich, sondern auch seelisch gesund halten kann. Vielleicht müssen wir nicht täglich 15 Rosenkränze beten, aber wir können uns fragen:

Was gibt mir Kraft?

Was bringt mich dazu, mich geerdeter, sicherer zu fühlen und mich näher zu Gott zu führen?

Es sind oft die kleinen Rituale im Alltag, die uns helfen, diese Verbindung zu stärken. Das bewusste Aussprechen eines Gebets am Morgen, ein stiller Moment der Dankbarkeit vor dem Schlafengehen oder die Entscheidung, sich in einer schwierigen Situation in Geduld zu üben. All das sind Wege, die uns Gott näherbringen können. In der Fastenzeit können wir diese kleinen Rituale bewusst in unseren Alltag integrieren, um diese Verbindung zu festigen.

Was mich an der Geschichte dieser Frau so inspiriert, ist ihre unerschütterliche Hingabe. Sie zeigt uns, dass das Gebet nicht nur ein Mittel ist, um Gott zu bitten, uns zu helfen. Es ist auch ein Weg, uns selbst zu verändern.

Durch das Gebet öffnen wir uns der göttlichen Liebe. Wir lassen Heilung und Frieden in unser Leben und wir lernen, mit den Herausforderungen des Lebens umzugehen.

Näher bei Gott zu sein ist ein universeller Wunsch. Und doch ist der Weg dorthin für jeden von uns unterschiedlich. Für die eine ist es das tägliche Rosenkranzgebet, für den anderen vielleicht das stille Sitzen in der Natur oder das Lesen heiliger Schriften.

Wichtig ist nur, dass wir diesen Weg gehen und dass wir uns bewusst die Zeit nehmen, um innezuhalten und diese Nähe zu suchen.

Die Fastenzeit ist dafür eine besondere Gelegenheit. Sie gibt uns den Raum und die Möglichkeit, uns von den Ablenkungen des

Alltags zu lösen und uns auf das Wesentliche zu konzentrieren. Vielleicht können wir in dieser Zeit neue Wege finden, Gott näher zu kommen. Vielleicht durch das Gebet, vielleicht durch den bewussten Verzicht oder durch kleine Gesten der Nächstenliebe. Es gibt unendlich viele Möglichkeiten, diese Verbindung zu suchen und zu stärken.

Wichtig ist nur, dass wir den ersten Schritt machen.

11 Tipps zum Umgang mit „guten Worten" im Alltag!

Worte haben eine immense Kraft. Sie können heilen, motivieren und stärken. In diesem Kapitel werden wir uns darauf konzentrieren, wie Sie durch positive Kommunikation und den bewussten Einsatz guter Worte Ihr Selbstwertgefühl steigern und gleichzeitig Ihre Beziehungen zu anderen Menschen verbessern können.

In einer Welt, die oft von Negativität geprägt ist, können wir durch den gezielten Einsatz von Sprache eine faszinierende Veränderung bewirken – nicht nur in uns selbst, sondern auch in unserem Umfeld. Außerdem möchte ich hervorheben, dass die Prinzipien von Selbstwert und Wertschätzung nicht nur psychologischer Natur sind, sondern auch in vielen spirituellen Traditionen tief verwurzelt sind.

1. Psalmen und Gebet

Beginnen Sie Ihren Tag mit positiven Gedanken, Psalmen und Gebet.

„Herr, Du hast mich erforscht und Du kennst mich, alle meine Gedanken sind Dir bekannt.

Noch ist das Wort auf meiner Zunge, Du weißt es bereits. "

Meine Ideen dazu: ....

....

....

....

....

....

....

....

....

2. Dankbarkeit ausdrücken

Nehmen Sie sich täglich Zeit, um Dankbarkeit auszudrücken. Schreiben Sie drei Dinge auf, für die Sie dankbar sind, und teilen Sie Ihre Dankbarkeit auch mit anderen. Dankbarkeit ist nicht nur eine Ausübung des positiven Denkens, sondern sie verbindet uns auch auf einer tieferen spirituellen Ebene. Wenn wir Dankbarkeit für andere zeigen, schaffen wir eine Atmosphäre der Wertschätzung, die das Miteinander erfreulicher und erfüllender macht.

Meine Ideen dazu: ....

....

....

....

....

....

....

3. Komplimente machen

Machen Sie es sich zur Gewohnheit, anderen Menschen ehrliche Komplimente zu machen. Dies fördert nicht nur positive Beziehungen, sondern stärkt auch Ihr eigenes Wohlbefinden. Komplimente sollten von Herzen kommen und auf tatsächlichen Beobachtungen basieren. Sie werden feststellen, dass eine einfache positive Rückmeldung oft eine Kettenreaktion auslöst, die das Gefühl von Verbundenheit und Wertschätzung in Ihrem sozialen Umfeld verstärkt.

Meine Ideen dazu: ....

....

....

....

....

....

4. Aktives Zuhören

Zeigen Sie echtes Interesse an den Geschichten und Gefühlen anderer. Aktives Zuhören schafft Vertrauen und zeigt Wertschätzung. Durch gezielte Rückfragen und das Spiegeln von Emotionen signalisieren Sie, dass die Erfahrungen des anderen für Sie von Bedeutung sind. Diese Praxis kann nicht nur die Qualität zwischenmenschlicher Beziehungen steigern, sondern auch die Art und Weise, wie Sie die Welt um sich herum wahrnehmen, transformieren.

Meine Ideen dazu: ....

....

....

....

....

....

....

5. Positive Selbstgespräche

Ersetzen Sie negative Gedanken durch positive Selbstgespräche. Erkennen Sie negative Selbstgespräche und lenken Sie sie bewusst um. In vielen spirituellen Praktiken wird die Macht der Gedanken betont. Durch das Ersetzen von Selbstkritik durch freundliche und ermutigende Worte können Sie Ihr Selbstbild nachhaltig verändern. Probieren Sie es aus: Jedes Mal, wenn Sie einen negativen Gedanken haben, hinterfragen Sie ihn und finden Sie mindestens einen positiven Aspekt, den Sie annehmen können. Auch das laute Lesen in der Bibel oder von „guten Büchern" wirkt sich positiv aus.

Meine Ideen dazu: ....

....

....

....

....

6. Erfolge feiern

Feiern Sie Ihre Erfolge, egal wie klein sie erscheinen mögen. Anerkennung Ihrer eigenen Leistungen stärkt Ihr Selbstvertrauen. Es ist wichtig, innezuhalten und sich bewusst zu machen, was man erreicht hat. Dies kann auch in Form von Ritualen geschehen – vielleicht durch eine kleine Zeremonie oder das Teilen Ihrer Erfolge mit Freunden. Das Feiern bestärkt auch die positive Kommunikation mit anderen und inspiriert sie, das Gleiche zu tun.

Meine Ideen dazu: ....

....

....

....

....

....

....

7. Grenzen setzen

Lernen Sie, gesunde Grenzen zu setzen und respektieren Sie aber auch die Grenzen anderer. Dies fördert Respekt und Selbstachtung. Grenzen zu setzen ist ein Akt der Selbstliebe. Sie helfen Ihnen, Ihre Energie zu schützen und klare Beziehungen zu führen. Respektieren Sie diese Grenzen auch bei anderen, fördert dies ein gegenseitiges Verständnis und ermöglicht eine tiefere emotionale Bindung.

Meine Ideen dazu: ....

....

....

....

....

....

....

8. Empathie zeigen

Zeigen Sie Empathie und Mitgefühl in Ihren Gesprächen. Dies stärkt die emotionale Verbindung und das gegenseitige Verständnis. Empathisches Verhalten ist eine der stärksten Formen der Kommunikation, die uns Menschen verbindet. Es erfordert, dass wir über unsere eigenen Erfahrungen hinausblicken und die Bedürfnisse und Gefühle anderer ehrlich wahrnehmen und respektieren.

Meine Ideen dazu: ....

....

....

....

....

....

....

9. Konstruktives Feedback geben

Geben Sie konstruktives Feedback, das aufbauend und hilfreich ist. Vermeiden Sie Kritik, die verletzend sein könnte. Konstruktives Feedback sollte immer darauf abzielen, das Wachstum des anderen zu fördern, nicht ihn herabzusetzen. Achten Sie dabei auf den Tonfall und die Wortwahl, denn diese beeinflussen, wie das Feedback wahrgenommen wird. Die Kunst des Feedbackgebens ist ein wertvoller Bestandteil positiver Kommunikation.

Meine Ideen dazu: ....

....

....

....

....

....

....

10. Selbstfürsorge praktizieren

Nehmen Sie sich regelmäßig Zeit für Selbstfürsorge. Gönnen Sie sich Pausen, pflegen Sie Ihre Hobbys und achten Sie auf Ihre körperliche und geistige Gesundheit. Selbstfürsorge ist nicht egoistisch, sondern notwendig, um in der Lage zu sein, auch für andere da zu sein. Unsere spirituellen und emotionalen Ressourcen müssen regelmäßig aufgefüllt werden, um in Harmonie mit uns selbst und unserer Umgebung leben zu können.

Meine Ideen dazu: ....

....

....

....

....

....

....

11. „Gute und schöne gehörte und gelesene Worte" aufschreiben

Wenn Menschen Ihnen etwas „Gutes" und Freundliches sagen, oder Sie in einem Buch, der Bibel, einer Zeitung oder wo auch immer etwas Inspirierendes lesen, dann „schreiben Sie es sich auf". Vielleicht auch mit der Info, wer Ihnen das gesagt hat, oder wo Sie es aufgeschnappt haben. Das könnte Ihr „Gute Worte" Tagebuch werden, das Ihnen in schlechten Zeiten Kraft gibt. Inspirierende „gehörte und gelesene Worte" von Zeit zu Zeit wieder zu lesen hilft, sich an die Güte der Menschen und die Schönheit dieses Lebens zu erinnern und diese Worte vielleicht auch im Alltag selbst zu nutzen.

Meine Ideen dazu: ....

....

....

....

Schließlich möchte ich betonen, dass der Weg zur Heilung durch Worte und grundsätzlich durch positive Kommunikation ein kontinuierlicher Prozess ist.

Indem wir bewusst gute Worte wählen und uns selbst und anderen mit Liebe und Mitgefühl begegnen, setzen wir einen heilenden Prozess in Gang. Es ist wichtig, sich daran zu erinnern, dass Worte nicht nur Ausdruck von schnellen Gedanken sind, sondern auch nachhaltig Macht haben, die unsere Realität entscheidend beeinflussen können.

Indem wir „gehörte, gelesene oder selbst gesagte gute Worte" in unser tägliches Leben integrieren, können wir nicht nur uns selbst Gutes tun, sondern auch die Welt um uns herum verschönern und stärken.

Mein Tipp:
Starten Sie HEUTE Ihr persönliches GUTE-WORTE-TAGEBUCH

Gute Worte Tagebuch

In unserer hektischen Welt ist es wichtiger denn je, einen Raum für uns selbst zu schaffen. In diesem Kapitel will ich Sie dazu ermutigen ein Gute-Worte-Tagebuch zu führen und Ihre Gedanken dazu aufzuschreiben.

Wie schafft man einen Raum, in dem wir unsere Gedanken ordnen, unsere Gefühle ausdrücken und die Kraft der Worte nutzen können, um uns selbst zu heilen und zu inspirieren?

Genau hier kommt das Konzept eines Gute-Worte-Tagebuchs ins Spiel. Es ist mehr als nur ein einfaches Tagebuch. Es ist ein Ort der Reflexion, der Selbstliebe und der spirituellen Entfaltung.

Das Gute-Worte-Tagebuch ist für mich ein persönlicher Begleiter geworden. Ein Ort, an dem ich all die positiven, kraftvollen und ermutigenden Worte festhalten kann, die ich im Laufe des Tages erlebe. Das können einfache Gedanken sein, die mir in den Sinn kommen, oder Zitate, die mich berühren und zum Nachdenken anregen. Dabei ist es mir wichtig, dass die Einträge authentisch sind. Es geht nicht darum, perfekt zu sein oder etwas Bestimmtes zu erreichen. Vielmehr ist es ein Prozess des Lernens und Wachsens, der in jedem von uns eine innere Stimme stärkt, die uns daran erinnert, wer wir wirklich sind.

Ein guter Ausgangspunkt für Ihr eigenes Gute-Worte-Tagebuch ist die tägliche Reflexion. Nehmen Sie sich am Ende des Tages einige Minuten Zeit, um darüber nachzudenken, was Sie erlebt haben.

Welche guten Worte haben Sie gehört oder ausgesprochen? Gab es einen Moment, der Ihr Herz berührt hat? Vielleicht haben Sie jemandem geholfen oder wurden selbst von jemandem ermutigt?

Diese kleinen Augenblicke sind oft die bedeutendsten und sollten festgehalten werden. Sie sind die Bausteine einer positiven Lebenseinstellung.

Sie können auch inspirierende Zitate in Ihr Tagebuch aufnehmen. Bibelverse, die Sie besonders ansprechen, sind eine wunderbare Möglichkeit, den Tag mit einer positiven Botschaft zu beenden. Zum Beispiel: *„Alles, was ihr tut, das tut von Herzen, als für den Herrn und nicht für Menschen"* (Kolosser 3,23).

Solche Worte erinnern uns daran, dass unser Handeln Bedeutung hat und dass wir in jeder kleinen Tat die Möglichkeit zur Liebe und zum Licht finden können.

Schreiben Sie den Vers auf, reflektieren Sie darüber und überlegen Sie, wie er in Ihr Leben passt. Was bedeutet dieser Vers für Sie in der aktuellen Lebenssituation?

Ein weiterer schöner Aspekt des Gute-Worte-Tagebuchs ist die Möglichkeit, sich selbst positive Affirmationen zuzusprechen. Beginnen Sie jeden Eintrag mit einem „Ich bin …" und fügen Sie Eigenschaften hinzu, die Sie an sich schätzen.

Zum Beispiel: „Ich bin stark." „Ich werde geliebt." „Ich bin fähig." Diese einfachen Sätze können eine kraftvolle Wirkung auf Ihr Selbstbewusstsein haben. Indem Sie sie regelmäßig aufschreiben, verankern Sie diese Gedanken in Ihrem Unterbewusstsein und stärken Ihre Selbstwahrnehmung.

Neben den positiven Worten und Zitaten können auch Gedanken zu Herausforderungen Platz finden. Das Leben ist nicht immer einfach und manchmal müssen wir uns mit Schwierigkeiten auseinandersetzen.

Anstatt diese Gedanken zu unterdrücken, lade ich Sie ein, sie in Ihr Tagebuch zu bringen. Schreiben Sie auf, was Sie beschäftigt. Was macht Ihnen Sorgen? Wie fühlen Sie sich dabei?

Indem Sie diese Gefühle niederschreiben, geben Sie ihnen Raum und können sie verarbeiten. Manchmal hilft es, die Dinge auszusprechen, um Klarheit zu gewinnen und einen Schritt in Richtung Heilung zu machen.

Es kann auch hilfreich sein, eine Liste von Dingen zu erstellen, für die Sie dankbar sind. Dankbarkeit hat eine transformative Kraft. Wenn wir uns auf das konzentrieren, was wir haben, und nicht auf das, was uns fehlt, verändert sich unsere Perspektive.

Schreiben Sie jeden Tag mindestens drei Dinge auf, für die Sie dankbar sind. Vielleicht ist es ein Lächeln, das Sie erhalten haben, die Schönheit eines Sonnenuntergangs oder die Unterstützung eines Freundes. Diese Praxis kann Ihnen helfen, auch in schwierigen Zeiten Licht und Hoffnung zu finden.

Das Gute-Worte-Tagebuch ist ein persönlicher Raum, in dem Sie authentisch sein können. Es gibt keine Regeln oder Vorgaben, wie es aussehen sollte. Lassen Sie Ihrer Kreativität freien Lauf. Fügen Sie Zeichnungen, Farben oder Collagen hinzu, die Ihre Gedanken und Gefühle widerspiegeln. Machen Sie es zu einem Kunstwerk, das Ihre Seele ausdrückt.

Je mehr Sie Ihr Tagebuch personalisieren, desto mehr wird es zu einem Spiegel Ihrer inneren Welt.

Machen Sie es zu einem Ritual. Sei es morgens, um den Tag positiv zu beginnen, oder abends, um ihn zu reflektieren. Finden Sie einen Platz, an dem Sie sich wohlfühlen und ungestört schreiben können. Es kann ein ruhiger Ort in Ihrem Zuhause sein oder auch ein schöner Platz in der Natur. Schaffen Sie sich einen Moment der Stille und des Innehaltens, um sich mit sich selbst zu verbinden.

Wenn Sie Ihr Gute-Worte-Tagebuch führen, werden Sie feststellen, dass es mit der Zeit eine wunderbare Sammlung von positiven Gedanken, inspirierenden Worten und bedeutungsvollen Erinnerungen wird. Es wird zu einem wertvollen Schatz, auf den Sie zurückblicken können, wann immer Sie einen Schub an Inspiration oder Ermutigung benötigen.

Wenn das Leben herausfordernd wird, können Sie auf die Seiten Ihres Tagebuchs schauen und sich an die positiven Worte erinnern, die Sie gesammelt haben. Sie werden erstaunt sein, wie viel Kraft in diesen einfachen, aber wirkungsvollen Worten liegt.

Das Gute-Worte-Tagebuch ist nicht nur ein persönliches Projekt, sondern auch ein Weg, um das eigene Leben zu bereichern und zu heilen.

Es ist eine Einladung, die Kraft der Worte zu entdecken und zu erleben, wie sie unser Leben verändern können.

Ich hoffe, dass Sie inspiriert sind, Ihr eigenes Tagebuch zu beginnen und es zu einem wichtigen Teil Ihrer täglichen Routine zu machen. Lassen Sie sich von den Worten führen und erfahren Sie, wie sie Ihr Leben bereichern können. Sie sind auf dem Weg zu einer tieferen Verbindung mit sich selbst und mit der Welt um Sie herum.

Lassen Sie das Schreiben dieses Gute-Worte-Tagebuches zu Ihrem täglichen Begleiter werden.

Sie werden rasch bemerken, wie sehr Ihnen manche dieser Worte, Zitate oder Sprüche im wahrsten Sinne …

in der Seele wohl tun werden!

Meine „guten" Worte des Tages: ....

....

....

....

....

....

....

....

....

....

....

....

....

Meine „guten" Worte des Tages: ....

....

....

....

....

....

....

....

....

....

....

....

....

....

Meine „guten" Worte des Tages: ....

....

....

....

....

....

....

....

....

....

....

....

....

Meine „guten" Worte des Tages: ....

....

....

....

....

....

....

....

....

....

....

....

....

....

Meine „guten" Worte des Tages: ....

....

....

....

....

....

....

....

....

....

....

....

....

....

Meine „guten" Worte des Tages: ....

....

....

....

....

....

....

....

....

....

....

....

....

....

Meine „guten" Worte des Tages: ....

....

....

....

....

....

....

....

....

....

....

....

....

....

Meine „guten" Worte des Tages: ....

....

....

....

....

....

....

....

....

....

....

....

....

....

Hört und sprecht „gute" Worte

Ihre Dr. med. Hedwig Uecker Geischläger